UNE ENQUÊTE

AU SUJET DE LA

FRONTIÈRE FRANÇAISE DANS LE VAL D'ARAN

SOUS PHILIPPE LE BEL

PARIS

IMPRIMERIE NATIONALE

UNE ENQUÊTE

AU SUJET DE LA

FRONTIÈRE FRANÇAISE DANS LE VAL D'ARAN

SOUS PHILIPPE LE BEL

PAR

M. PH. LAUER

DOCTEUR ÈS LETTRES, BIBLIOTHÉCAIRE À LA BIBLIOTHÈQUE NATIONALE

———◦———

(Extrait du *Bulletin de la Section de Géographie*, 1920.)

PARIS

IMPRIMERIE NATIONALE

———

MDCCCCXXI

UNE ENQUÊTE

AU SUJET DE LA

FRONTIÈRE FRANÇAISE DANS LE VAL D'ARAN

SOUS PHILIPPE LE BEL,

PAR M. PH. LAUÉR,

Docteur ès lettres, Bibliothécaire à la Bibliothèque nationale.

La haute vallée pyrénéenne où la Garonne prend sa source, le Val d'Aran, qui est aujourd'hui rattachée à l'Espagne, ne dépendait point, à l'époque carolingienne, de la Marche d'Espagne, mais bien de cette partie de la province romaine d'Aquitaine, conquise par les Francs, qu'on appelait la « Novempopulanie ».

L'origine de l'état de choses actuel, véritable anomalie géographique, remonte seulement à la fin du xiie siècle. Dépendant de la *civitas Convenarum*, dont la ville épiscopale avait été détruite par Gontran en 585 [1], le Val d'Aran se trouva naturellement, lors de la constitution des fiefs de cette région, englobé dans le comté de Cominges [2]. Comme la plupart de ces vallées perdues dans la montagne, elle fut assez négligée pendant de longues années et paraît avoir joui d'une telle indépendance, qu'à la faveur des événements des xe et xie siècles, elle finit par être mêlée de plus en plus aux affaires de Navarre, puis d'Aragon [3]. En 1175 même, on

[1] Grégoire de Tours, *Histoire des Francs*, éd. Omont, Collon et Poupardin (Paris, 1913), p. 284-286.

[2] Auguste Longnon, *Atlas historique de la France*, texte, p. 150.

[3] J. F. Bladé, *Origines du duché de Gascogne* (Agen, 1897), p. 85-88; Idem, *Les grands fiefs de la Gascogne* (Extr. du *Bull. de géogr. hist.*, 1897), p. 11; Idem, *Les comtes carolingiens de Bigorre et les premiers rois de Navarre* (*ibid.*), p. 138.

la voit attribuée dans un acte, par le roi d'Aragon Alfonse II, à son parent par alliance Centulle III de Bigorre[1], et en 1192 (septembre), à l'occasion du mariage de Gaston VI de Béarn avec la petite-fille de Centulle, Pétronille de Bigorre, fille de Bernard IV de Cominges, le même roi Alphonse, son tuteur, remettant à cette dernière les domaines qui lui revenaient de ses parents, spécifia expressément qu'il retenait pour sa part la terre d'Aran[2].

Cette usurpation paraît avoir passé inaperçue pendant près d'un siècle, à la faveur de l'éloignement et aussi des croisades contre les Sarrasins d'Espagne ou les hérétiques albigeois. Le traité de Corbeil (le 11 mai 1258) sembla même la sanctionner, par l'abandon que le roi de France saint Louis fit de tous ses droits sur l'ancien comté carolingien de Barcelone et ses dépendances. Mais, en réalité, le Val d'Aran ne s'y trouvait pas compris, et ne fut nullement mentionné dans le traité dont le texte nous est conservé[3]. Au contraire, le roi d'Aragon renonçait à toutes ses prétentions sur le comté de Toulouse, dont relevait le comté de Cominges et, par suite, le Val d'Aran.

Lorsque Jacques Ier d'Aragon abdiqua la royauté pour prendre l'habit de Cîteaux (1276), il confirma le partage de ses États qu'il avait réglé dès 1262, puis par testament en 1272, et d'après lequel son fils aîné Pierre (III) héritait des royaumes d'Aragon et de

---

[1] P. DE MARCA, *Hist. de Béarn*, p. 821 ; J. DE JAURGAIN, *La Vasconie*, t. II (1902), p. 387. C'est par erreur que CASTILLON (D'ASPET), dans son *Histoire des populations pyrénéennes* (t. I, 1842, p. 431), attribue à cet acte la date de 1119. Cf. JAURGAIN, *loc. cit.*, et VALLS TABERNER, *Privilegis i ordinacions de le Valls Pirenenques, I. Vall d'Aran* (Barcelone, 1915), Introduction, p. XI. Centulle III avait épousé Matelle de Baux, qui était tante à la mode de Bretagne du roi Alphonse II. Cf. JAURGAIN, *loc. cit.*

[2] *Pacta nuptialia* a. MCXCII (P. DE MARCA, *Marca Hispanica*, col. 66) : «Expressim retineo mihi et meis et proprietati meœ ac successorum meorum totam vallem et terram que dicitur Aran, cum omnibus vallibus suis, montibus, pronis, inclinis, et planis, et terminis omnibus, simul cum suis habitatoribus et ceteris omnibus ad usum hominis quoquo modo pertinentibus, *cum constet prædictam terram de Aran ad ipsum comitatum nihilominum pertinere.* Per hanc vallem abs vico sancti Benei adeuntur Hispaniæ a mercatoribus, licet angusto itenere et per hibernas nives impervio». Nous corrigeons le texte de Marca à l'aide de l'extrait donné par VALLS TABERNER, *Privilegis i ordinacions de le Valls Pirenenques, I. Vall d'Aran*, Introduction, p. XII, d'après les Archives de la Couronne d'Aragon, parch. n° 636 d'Alphonse Ier (numérotation aragonaise). Cf. la trad. franç. dans MARCA, *Hist. de Béarn*, p. 493 ; J. DE JAURGAIN, *op. cit.*, II, 389.

[3] Joseph DE LABORDE, *Layettes du Trésor des chartes*, t. III, p. 405, n° 4411.

Valence, des comtés de Ribagorce et de Pailhas, de la *vallée d'Aran*
et du comté de Barcelone avec les fiefs qui en dépendaient [1]. Nou-
velle usurpation : violation du traité de Corbeil. En 1280, le 7 juin,
au cours de sa campagne contre le comte de Foix Roger-Bernard,
Pierre manda aux hommes de la vallée d'Aran de venir à son aide,
et de lui envoyer six prud'hommes pour s'entendre avec lui [2]. Mais
bientôt, à la suite de la Croisade d'Aragon, commencèrent les con-
testations. Le traité de Tarascon (1291), hâtivement conclu, était
insuffisant. Le traité d'Anagni qui le compléta (20 juin 1295) ne
fut pas d'une exécution facile ni rapide. Un grand nombre de ques-
tions n'avaient pas été réglées et furent soulevées au moment
de la mise en vigueur des différentes clauses, en sorte que ce fut
pendant assez longtemps le régime d'une trève périodiquement
renouvelée.

Au cours des négociations laborieuses qui furent alors entamées,
le désaccord surgit au sujet du Val d'Aran, qui avait été occupé par
les troupes françaises et que réclama naturellement Philippe le Bel [3].
Le pape Boniface VIII avait accordé à Jacques II, détenteur des îles
Baléares, un nouveau délai, jusqu'à Noël 1297, pour en faire la
remise. Philippe écrivit directement au roi d'Aragon, en le menaçant
de l'obliger à se justifier s'il manquait à sa parole. En même temps,
il lui offrit de mettre provisoirement la vallée d'Aran sous séquestre
entre les mains d'un tiers, et de lui envoyer des délégués qui l'atten-
draient durant trente jours au col de Panissars, pour recevoir, avec
le roi de Majorque, la saisine des terres confisquées sur ce prince,
et la place de Ribes, toujours occupée [4].

La mauvaise volonté du roi d'Aragon éclata dans la réponse qui
fut portée de sa part à Valence (janvier 1298). Il y exposait qu'il
était toujours prêt à rendre au roi de France les places qui lui

---

[1] *Hist. de Languedoc*, nouv. éd., t. IX, p. 49; D'ACHÉRY, *Spicileg.*, t. IX,
p. 145 et 198; MARTÈNE, *Thesaurus*, t. I, c. 1147.

[2] Arch. d'Aragon, coll. de parch. datés de Pierre II, n° 198. Cf. BAUDON DE
MONY, *Relations politiques des comtes de Foix avec la Catalogne jusqu'au commen-
cement du XIVᵉ siècle*, t. I, p. 247.

[3] Lettre de Boniface VIII, Arch. nat. J 715, n° 22. Cf. E. BOUTARIC, *La France
sous Philippe le Bel* (1861), p. 382, n. 8; Ant. THOMAS, *Les registres de Boniface VIII*, t. I, p. 60, n° 164.

[4] A. LECOY DE LA MARCHE, *Les relations politiques de la France avec le royaume
Majorque*, t. I (1892), p. 351-352.

appartenaient, à observer toutes les conventions, et même à mettre la vallée d'Aran sous séquestre, mais refusait de remettre Majorque [1].

L'entrevue proposée eut lieu à Panissars le 30 janvier 1298 entre les représentants de la France, Pierre de La Chapelle, évêque de Carcassonne, et Pierre de Bourges, sous-chantre d'Orléans, d'une part, et les délégués d'Aragon, de l'autre. Les Français offrirent les premiers de remettre à Jacques II les places qu'ils détenaient encore, ainsi que tous les lieux que le roi de Majorque pouvait occuper, et de passer un compromis au sujet du Val d'Aran, pourvu que Jacques II accomplît sa promesse concernant les îles et la place de Ribes, comme il avait été dit à Valence. Les Aragonais se contentèrent de réponses vagues, acceptant toutefois le séquestre du Val d'Aran entre les mains d'un légat du Saint-Siège [2].

Ce ne fut que cinq mois plus tard qu'on en vint aux décisions et aux actes. Les négociateurs se rassemblèrent à nouveau au camp majorquin, devant Argelès. La présence des deux rivaux, les héritiers de Jacques le Conquérant en personne, leva sans doute la plupart des difficultés. On vint à bout d'une entente, par lassitude, grâce à une série d'actes échangés entre les parties. Parmi ces actes figure celui-ci, que nous analysons [3] :

L'évêque de Carcassonne et le sous-chantre d'Orléans, représentants du roi de France, d'accord avec le roi d'Aragon, acceptaient que la vallée d'Aran, dont le séquestre, le cardinal de Saint-Clément (Fr. Jacques Tommasi Cajétan), venait de mourir, fût remise directement entre les mains du pape lui-même, et gardée en son nom par le roi de Majorque, Jacques Ier, jusqu'à ce qu'une information contradictoire et une sentence pontificale eussent tranché la question de souveraineté. En conséquence, ce prince en prit possession et s'engagea à la remettre à qui de droit (29 juin 1298).

Après cette décision, les choses traînèrent en longueur, et ce ne fut qu'à la suite de plusieurs ambassades de Jacques II, qu'en 1308 Philippe consentit à désigner plusieurs commissaires

<hr>

[1] A. Lecoy de La Marche, *Les relations politiques de la France avec le royaume de Majorque*, t. I (1892), p. 353.

[2] *Ibid.*, p. 354.

[3] Arch. nat. J 588, n° 21. Cf. Lecoy de La Marche, *op. cit.*, p. 355 et 357. Cf. sur l'exécution Arch. nat., J 588, n°s 24 et 25.

pour se rendre sur place et procéder, d'accord avec le comte, l'évêque de Cominges, et le procureur royal à Toulouse, aux recherches ordonnées par le traité [1]. Alors commencèrent toute une série d'enquêtes et de contre-enquêtes françaises et aragonaises sur le point de savoir à qui devrait revenir définitivement le Val d'Aran. Deux de ces mémoires nous ont été conservés en originaux, l'un aux Archives nationales sous la cote J 588, n° 29, et l'autre à la Bibliothèque nationale dans la collection Clairambault (vol. 1021, fol. 75), où ils n'ont été jusqu'à présent utilisés par personne. Le second cependant est ainsi désigné, dans un ancien inventaire manuscrit de la main de Léopold Delisle : « Vers 1300. Mémoire pour établir que la vallée de Louron (vallis Aranni), dans laquelle la Garonne prend sa source, fait partie du royaume de France. Ce mémoire a été rédigé sous Philippe le Bel. On y rappelle que cette vallée fut remise sous l'autorité du roi par sire Eustache, sénéchal de Toulouse. Bon à publier dans le recueil des Historiens ». — Ce projet n'a pas été suivi d'exécution.

Le premier de ces documents est intitulé « État de l'affaire du Val d'Aran », et porte au dos l'adresse : « Au Chancelier de France. Sur le fait du Val d'Aran ».

C'est le résumé des négociations entre commissaires français et aragonais envoyés au Val d'Aran, en vertu de décisions prises à Vienne (Isère) en 1312, sans doute au cours du concile général qui s'y tint [2].

Les envoyés du roi de France, Jean de Fontaine, doyen de Carlat, et Yves « de Laudunaco », d'une part, et ceux du roi d'Aragon, Bérenger « de Argilagueriis », archidiacre d'Urgel, et Pedro de Spens, s'étaient réunis « in villa de Vetula », sans doute Viella, chef-lieu du Val d'Aran, le 1er août 1312. A cause de la mort du comte de Cominges Bernard VI (15 juillet), la conférence fut prolongée jusqu'au 18 août. Ce jour-là, le nouveau comte de Cominges Bernard VII, procureur du roi d'Aragon, fit produire un rôle, en

---

[1] Zurita, *Anales de la corona de Aragon*, t. I, p. 410, 422; Boutaric, *La France sous Philippe le Bel*, p. 382. Arch. nat., LL 42 A, fol. cxii v°, n° CX. Cf. F. Pasquier, *Cession définitive du Val d'Aran à l'Aragon par Philippe le Bel*, dans *Revue de Comminges*, t. VII, 1892, p. 106 et 112 (Mandement daté de Poitiers, juillet 1308).

[2] Cf. les lettres de Philippe le Bel, datées de Vienne le 11 avril 1312, dans Valls Taberner, *op. cit.*, p. xix, n° 2.

21 articles, sur la question en litige. Des témoins furent entendus; il y eut discussion entre les représentants des rois de France et d'Aragon, et deux seulement de ces articles finirent par être agréés des parties. Après nouvel examen contradictoire, trois autres articles le furent également. Le roi d'Aragon fit produire des actes authentiques et des cartulaires, où étaient transcrits des privilèges des rois d'Aragon concernant tant les offices des « baylies » (bajuliæ) [1] que les libertés des habitants de ladite vallée, dont certains remontaient au roi Pierre II, qui périt devant Muret en 1213; d'autres étaient de son fils Jacques, et l'un de Pierre III, grand-père de Jacques II, avant l'occupation de la Sicile (1282) [2].

C'est à cette dernière date, en effet, que remonte le début de la guerre entre les rois, disaient les Aragonais, et c'est alors qu'Eustache, sénéchal de Toulouse, entra dans le pays frontière d'Aragon avec une multitude de soldats et occupa la Vallée. Le procureur du roi de France assura au contraire que la guerre ne commença que lorsque le roi de France prit la croix et rassembla ses troupes, ce qui eut lieu un an et plus après qu'Eustache de Toulouse fut entré dans ladite vallée. On demanda une copie du dernier traité pour fixer ce point. On réclama aussi copie d'un « prétendu » traité dont parlaient des « anciens » de Toulouse, d'après lequel le roi d'Aragon aurait fait remise au roi de France de toutes ses possessions en deçà des Pyrénées avec les « ports » d'Espagne (cols des Pyrénées) depuis la Méditerranée jusqu'à l'Océan. Il s'agit sans doute du traité de Corbeil, évidemment favorable à la France, ainsi qu'on l'a vu plus haut (1258).

---

[1] Il existait encore des « baylies » dans le Val d'Aran en 1812. Cf. Paul DE CASTERAN, *Le Val d'Aran. Essai chronologique* (Auch, 1898, in-8° de 15 pages), p. 10.

[2] Un certain nombre des actes, privilèges, coutumes ou immunités qui furent alors produits figurent dans la publication de VALLS TABERNER, citée plus haut (*Privilegis i ordinacions de la Valls Pirenenques, 1. Vall d'Aran*, Barcelone, 1915), qui commence précisément en 1265. Plusieurs sont encore conservés aux archives de la *casa consistorial* de Viella, chef-lieu du pays, où ils ont été récemment examinés par M. F. PASQUIER. Cf. *Archives anciennes du Val d'Aran, à Viella, en l'hôtel de ville du chef-lieu* (*Revue de Comminges*, t. XXX, année 1915, p. 76-77). Voir aussi MONDON, *Une vallée du Haut-Comminges, Privilèges accordés au Val d'Aran en 1298, 1309 et 1313* (Extr. de la *Revue de Comminges*, 1912-1913), p. 6 et suiv.

Les Aragonais déclarèrent qu'Eustache avait occupé avec violence ladite vallée, où il avait fait périr du monde, et qu'il était, en conséquence, douteux que le roi de France possédât le pays auparavant.

En transmettant au roi ce procès-verbal, les délégués français observaient que la Vallée, entourée de quatre grandes chaînes de montagnes, s'étendait sur quatre grandes lieues, comptait 41 villages où l'on pouvait lever 2,000 fantassins agiles et robustes [1]. Cinq «ports» ou passages montagneux, ajoutaient-ils, «secret de la frontière», conduisent en France : on appelait même vulgairement cette vallée la *clef* de la France (*clavis regni Francie*). Les hommes du Val d'Aran désiraient vivement rester sous la domination du roi de France, et, «si cela pouvait se faire avec justice et sans péché» (*absque pecato*), ce serait, remarquaient-ils, «fort utile au royaume et meilleur qu'on ne saurait dire». Et concluant qu'ils ne pouvaient s'entendre avec les Aragonais sur une question aussi grave, ils s'en remettaient au roi pour leur donner de nouvelles instructions, avant d'aller trouver l'arbitre désigné, le cardinal légat Bérenger Frédol, évêque de Béziers, cardinal de Tusculum.

Telle est la première pièce, dont on voit tout l'intérêt pour l'histoire de la discussion, prise ainsi sur le vif, et de la procédure, dont elle fournit de curieux détails. La seconde a un tout autre caractère. Elle n'est pas datée. C'est probablement le résumé d'un des mémoires qui furent produits à l'entrevue de Vienne visée plus haut, et qui avaient été patiemment élaborés à la suite de la décision de 1308. Il y est dit, en effet, que la ligne de partage des eaux doit fixer la limite entre la France et l'Espagne, entre la Gascogne et la Catalogne. On y trouve cité Isidore de Séville ainsi que certaines légendes d'origine épique ou religieuse. Charles Martel, ayant conquis la vallée sur les Sarrasins, l'aurait peuplée d'habitants amenés de l'Auvergne et concédée à trois chevaliers, gardant en signe de souveraineté deux charges de foin (*honera feni*) et deux corneilles avec pattes et becs rouges qui furent ensuite concédés par ses successeurs les rois de France à la cathédrale de

---

[1] En 1613, le docteur Jean-Francisco Gracia de Tolba ne comptait que 30 villages, dans son rapport au roi d'Espagne Philippe III. De même Charrier en 1812, lequel évaluait la population à 13,000 âmes. Cf. P. Casteran, *Le Val d'Aran*, p. 10.

Cominges, reconstruite par lui, « comme on le lit dans la Légende de Bertrand évêque de Cominges » [1].

Il y est nettement montré que la Vallée dépendait du comté de Cominges, relevant des duché de Narbonne et comté de Toulouse, qui sont une des pairies de France.

On y remarque que le comte de Cominges percevait des redevances de blé au Val d'Aran. De plus, il y est dit clairement que la vallée dépend du diocèse de Cominges, et on compare sa situation à la vicomté d'Aure, aux vicomté et évêché de Conserans, au comté de Foix ou à la vicomté de Bigorre, séparés par la ligne de faîte des Pyrénées, de la Navarre et de l'Aragon.

Il y est fait allusion au mariage de Philippe III avec Isabelle d'Aragon, qui ne peut être invoqué pour diminuer les frontières du royaume de France, dont les territoires sont inaliénables. Les Aragonais n'ont pu avoir dans cette vallée qu'une domination passagère, transitoire, car elle a toujours dépendu de l'évêque et du comte de Cominges. Celui-ci y percevait une redevance de blé jusqu'à la rébellion au cours de laquelle fut détruit son château de « Centetz », rébellion qui fut apaisée quand Eustache, sénéchal de Toulouse, vint occuper la Vallée.

Aucune prescription ne peut courir en faveur des Aragonais contre les limites de la France.

Il conclut donc à la nécessité de garder cette vallée qui est indispensable à la sécurité du royaume.

Ce dernier document, extrêmement remarquable par la force et l'exactitude de certains de ses arguments, est peut-être l'œuvre même des commissaires envoyés par Philippe le Bel dans le Val d'Aran en 1308, Gérard de Cortone, Jean de Blainville, sénéchal de Toulouse, et Lambert de Thurey, s' de Saissac, dont les noms ont été conservés par le mandement royal visé plus haut [2]. Il ne devait pas malheureusement avoir le succès qu'il méritait, car Philippe le Bel s'en remit à l'arbitrage du cardinal de Tusculum.

En juin 1313, le roi de Majorque Sanche, qui tenait la vallée sous séquestre comme successeur de son père Jacques Ier ($\dagger$ 1311), reçut une ambassade de Jacques II d'Aragon, chargée d'obtenir de

---

[1] Le passage visé est relevé plus loin, aux pièces justificatives, en note du texte publié, p. 29, n. 2.

[2] F. PASQUIER, *Cession définitive du Val d'Aran à l'Aragon*, dans *Revue de Comminges*, t. VII, 1892, p. 112.

lui la remise du territoire en question, comme suite des dernières négociations auprès du cardinal Bérenger Frédol ; et le 1er juillet 1313 les deux parties intéressées paraissant, sur ses instances, enfin tombées d'accord, il ordonnait au chevalier Pierre de Castello, auquel il avait confié le gouvernement de la vallée, de la restituer au délégué aragonais [1].

Le fils d'Isabelle d'Aragon avait faibli devant les démarches réitérées de son cousin Jacques II, malgré les prodiges de diplomatie de ses légistes, inspirés des traditions du plus pur patriotisme français. Le roi d'Aragon était allé jusqu'à lui écrire personnellement une lettre des plus pressantes, dont il reproduisit en partie les termes dans une missive, qu'il ne négligea pas d'envoyer en même temps au chancelier Guillaume de Nogaret (26 février 1311), pour mieux briser la résistance des légistes [2]. Philippe ne sut pas résister suffisamment à cette insistance, qui se manifesta encore par des lettres de Jacques II adressées en mars 1313 à Charles de Valois et à différents personnages de la cour de France [3].

L'intransigeance du politique, émoussée par les préoccupations des entreprises contre les Flandres et les Templiers, avait cédé graduellement devant la diplomatie aragonaise, et Philippe dut s'imaginer avoir pris sa revanche en assurant la Navarre à son fils Louis. En réalité, par un manque de fermeté inattendu, il avait modifié la frontière naturelle et traditionnelle de la région pyrénéenne.

Lorsque le traité des Pyrénées fut discuté en 1659, dans l'île des Faisans, on n'osa rouvrir la question du Val d'Aran, parce qu'elle ne s'était pas posée au cours des dernières hostilités, dit le savant contemporain Pierre de Marca [4], archevêque de Toulouse, l'un des négociateurs, et il en fut de même en 1815, à cause de l'importance que le cabinet de Madrid attachait à la possession de cette

[1] Arch. de la Couronne d'Aragon, Reg. de Jacques II, n° 336, fol. 95 et 100. Cf. Lecoy de La Marche, *op. cit.*, p. 368-369 ; Zurita, *op. cit.*, p. 455-456 ; Valls Taberner, *op. cit.*, Introd., p. xix-xxi. Voir nos pièces justificatives n°s V à VII.

[2] Arch. nat., L 588, 29 *bis* et 29 *ter* (26 février 1311). Voir plus loin aux pièces justificatives n°s III et IV.

[3] Archives de la Couronne d'Aragon, Registre 336, fol. 92.

[4] *Marca Hispanica*, col. 66 : « quoniam ab Hispanis detinebatur absque ulla lite... » Marca fut, au reste, pris à partie par l'intendant Lamoignon de Basville, qui lui reprocha vivement d'avoir négligé cette question. Condé avait, en effet, occupé la Vallée en 1647. (P. de Casteran, *loc. cit.*, p. 5.)

vallée. La responsabilité de Philippe le Bel reste donc entière devant l'histoire, car c'est tout à fait par erreur, comme l'ont démontré Lecoy de La Marche et F. Pasquier [1], que Boutaric a cru pouvoir soutenir [2] que la question n'avait pas été résolue de son vivant; mais elle le fut *in extremis*. Le roi, vieilli et fatigué, ne se prononça lui-même jamais nettement : les termes qu'il emploie dans sa lettre du 11 juillet 1308, publiée par M. Pasquier, et dans celles des 26 et 27 avril 1313, éditées plus loin [3], sont des plus prudents, pleins de réticences, de contradictions et de réserves.

Observons enfin qu'aucun instrument diplomatique, aucun traité en bonne forme ne ratifia l'abandon du Val d'Aran, en sorte que les enquêtes du xive siècle montrent nettement le point de vue national de la France sur l'imprescriptibilité de ses droits.

PIECES JUSTIFICATIVES.

I

PREMIÈRE ENQUÊTE.

(Arch. nat., J 588, n° 29. — Orig. Parchemin de 0^m,54 × 0^m,36.)

Status negocii Vallis Aranni [4].

In primis sciendum est quod concordatum fuit Vienne, inter dominum nostrum Francie regem et gentes domini regis Aragonie, quod per comissarios utriusque regis deputatos apud Vallem Aranni inquireretur, si bone memorie domnus Petrus rex Aragonie fuit spoliatus possessione dicte vallis, post comotionem guerre inter inclite recordationis dominum Philippum regem Francie et prefatum dominum Petrum regem Aragonie, per prefatum dominum Philippum regem aut ejus gentes.

Igitur Berengario de Argilagueriis archidiacono Urgellensi et Petro de Spenso ex parte prefati regis Aragonie, Johanne de Fontana decano, Cas-

---

[1] Lecoy de La Marche, *loc. cit.*; F. Pasquier, *loc. cit.*

[2] E. Boutaric, *La France sous Philippe le Bel*, p. 383.

[3] Voir nos pièces justificatives n°ˢ V et VI. Le style étrange et les contradictions de cette dernière lettre, qui n'est conservée qu'en vidimus, pourraient même faire supposer qu'elle a été falsifiée par les Aragonais.

[4] Au dos de la pièce se lisent les mentions contemporaines : «Domino Cancellario Francie. — Super facto vallis Aranni.» Et une main du xve siècle a ajouté : «Concordamentum factum Vienne inter gentes domini regis Francorum et regis Aragonum.»

latense [1] et Yvone de Laudunaco ex parte domini regis Francie, comissariis deputatis apud Vallem predictam, in villa de Vetula, prima die augusti convenientibus, propter mortem domini comitis Convenarum usque ad diem Veneris post Assumptionem beate Virginis, post multas altercaciones negocium extitit prolongatum.

Dicta vero die Veneris ad quam citatus fuerat, comes nunc Convenarum, procurator regis Aragonie, tradidit in quodam rotulo XXI articulos, super quibus inquiri petiit et testes recipi; super quorum impertinencia cum per procuratorem domini regis Francie multa essent proposita, replicata responsionibus ac duplicationibus per procuratorem regis Aragonie ex adverso factis, tandem post multas altercationes duo ex illis articulis tanquam pertinentes admissi fuerunt, ceteris remanentibus in suspenso. Et cum hoc, post magnam contradictionem predicti procuratoris domini regis Aragonie, procurator domini regis Francie proponendo factum contrarium tradidit tres articulos, qui ut pertinentes admissi fuerunt; postque testes fuerunt producti et jurati hinc et inde, et post partem domini regis Aragonie sunt producta plura instrumenta, libri antiqui ecclesiarum, in quibus aliqua instrumenta reperiuntur transcripta necnon et plura privilegia concessa per reges Aragonie, tam super officiis bajuliarum quam super aliquibus libertatibus, hominibus dicte vallis; quorum privilegiorum aliqua sunt regis Petri qui decessit apud Murellum sub data M°C°XC°VIII° [2], alia vero sunt domni Jacobi filii ejusdem domini regis Petri, excepto uno quod concessum fuit per dominum Petrum, progenitorem domini Jacobi nunc regnantis, antequam insulam Sicilie occupasset. Plures etiam testes pro illa parte sunt examinati, et pro parte alia in ista sequenti epdemoda [3] testes examinabuntur.

Sciendum est autem, quod intentio procuratoris domini regis Aragonie est quod occupatio Sicilie per prefatum dominum P[etrum], ultimum quondam regem Aragonie, fuit comotio guerre inter reges, inicium vero quando dominus Eustachius senescallus Tholosanus quondam de Navarra intravit, ut dicitur, in frontariam Aragonie, cum multitudine armatorum : ex hoc salagens suam intentionem pro parte probare, videlicet post comotionem guerre occupationem predicte vallis factam fuisse. Procurator vero domini regis Francie asserit et intendit quod tunc demum fuit predicte guerre comotio, quando prefatus inclite recordationis dominus rex Philippus assumpta cruce arma clamari, monstras fieri per regnum Francie, et omnes de regno Aragonie de eodem regno Francie licenciari fecit, ante quam comotionem dominus Eustachius predictus per annum et amplius dictam vallem intravit et ejus possessionem adeptus fuit : ex hoc intendens quod prefatus dominus rex Aragonie debeat totaliter cadere ab intento.

---

[1] *Sic* pour «Carlatense». — [2] *Sic :* erreur pour MCCXIII. — [3] *Sic* pour «ebdomada».

Et quia procurator predicti domini regis Aragonie nondum produxit litteras pacis inter dominos nunc reges Francorum et Aragonum facte, de qua in predicta concordia mentio fit expressa et nos, pro eodem domino rege Francie deputati illius pacis litteras non habeamus seu copiam aut tenorem, per quam forte possemus instrui quomodo illius guerre comotionem intelligere debeamus, expediret nobis et negocio [u]t [1] nobis videtur, illius pacis habere sub forma autentica copiam et tenorem.

Item, quia procurator j. domini regis Aragonie, ad probandum intentionem suam, predicta privilegia et instrumenta que magis ad jus proprietatis quam possessionis facere videntur, videretur quod si sint aliqua instrumenta littere aut registra antiqua que faciant pro jure domini regis, quod illa per ipsius procuratorem producerentur. Sciendum est autem quod ab aliquibus antiquis nobis fuit Tholose relatum, quod in quadam pace que fuit facta inter quondam reges quosdam Francie et Aragonie, de quibus regibus non recordantur, ut dicunt, continetur quod rex Aragonie remisit in perpetuum et quittavit pro se et successoribus suis, regi Francie et suis successoribus quicquid juris habebat in terris, possessionibus, villis, castris et civitatibus et quibuscumque aliis proprietatibus, quocumque nomine censeantur, que sunt citra montes Empireos, in quibus sunt portus Hyspanie, prout de mari Occeano usque ad mare Mediterraneum protenduntur. Quod si sit verum, dicta vallis est et esse debet domini nostri regis, et si illa littera posset reperiri, videretur expedire quod ejus copiam haberemus.

Item est sciendum quod nos non reperimus nec credimus quod poterit reperiri, quod dominus rex Francie antequam predictus dominus Eustachius dictam vallem intraret, ipsam aliquo tempore possideret. Item, quod occupacio violenta cum armorum potentia dicte vallis per predictum dominum Eustachium, resistentibus sibi hominibus dicte vallis cum magna cede et vulneribus hominum ipsorum, liquide reperitur. Item, an prefatus dominus rex P[etrus] dictam vallem possederit cum dictus domnus Eustachius eam intravit dubitamus, et credimus quod sub dubio remanebit donec per alios fuerit declaratum.

Ne autem pretermittamus quin scribamus aliquid de dispositione et conditionibus dicte vallis, est sciendum quod dicta vallis a suo introitu usque ad sui finem durat et protenditur per unam bonam dietam, undique montibus circumdata multum altis et per quatuor maximas terre leucas protenditur intra regnum, et est valde populata continens quadraginta et unam [2] tam villas quam villulas, ex quibus possunt haberi ad opus duo milia hominum peditum, et sunt agiles et robusti. Item in dicta valle sunt quinque portus versus regnum Francie in montanis, per quos habetur secretus

<hr>

[1] Trou dans le parchemin.
[2] Nombres écrits sur un grattage.

introitus intra regnum. Item', homines dicte vallis communiter desiderant quod remaneant sub dominio et potestate domini regis Francie quantum possunt, et si posset fieri cum justitia et absque pecato, multum expediret domino regi et regno dictam vallem habere, quia est melior et utilior quam dicatur, et ab illa parte clavis regni Francie vulgariter apellatur.

Quia igitur negocium presens est arduum, magnam et maturam deliberacionem requirens, et ex nunc presumimus et conjecturamur quod nos et prefati, per predictum dominum regem Aragonie deputati, in restitutionem possessionis dicte vallis vix aut nunquam poterimus concordare, consideret regia celsitudo si expedit quod inquesta nostra perfecta primitus per suum videatur consilium, antequam vadamus ad dominum cardinalem, secundum formam et tenorem concordie antedicte, nobisque super hiis suum beneplacitum precipere et mandare dignetur.

II

DEUXIÈME ENQUÊTE.

(Bibl. nat., Collection Clairambault, vol. 1021, fol. 75.
Orig. Parchemin de o m. 42 × o m. 17.)

Informatio.

Quod dicta Vallis Aranni sit de regno Francie, apparet notorie pro eo quod est infra fines regni Francie. Regnum enim Francie seu Gualliarum dividitur per cacumina montium Pirancorum a regnis Yspanie, Araguonie et aliorum. Prout dicta flumina decurrunt versus Vasconiam est de regno Francie, et prout decurrunt versus Yspaniam seu Cataloniam est de regnis Yspanorum, secundum Ysidorum [1] et antiqua cronica; fluvius enim Guarone nascitur in capite dicte Vallis Aranni, et transcurrens totam dictam vallem transit per Tholosam. Preterea fama publica est hominum dicte vallis et circumvicinorum, quod Karolus Martelli adquisivit dictam vallem a Sarracenis et populavit ipsam de gentibus Alvernie, et dedit ipsam tribus militibus et retinuit ibi in signum dominii... [2] duo honera feni de quodam monte dicte vallis et duas cornices cum pedibus et rostris rubeis que reges Francie per longua tempora receperunt, et postmodum quidam ex regibus predicta donavit kathedrali ecclesie Convenarum, quam destructam a Sarracenis redificavit et dotavit, ut in legenda beati Bertrandi episcopi Convenarum invenitur [3] : que ecclesia et episcopatus Convenarum notorie sunt in regno Francie.

[1] S. Isidor. Hispal. episc., *Etymol.* lib. XIV (Migne, *Patrol. lat.*, LXXXII, col. 509) : «Hispania... a septentrione Pyrenæis montibus clausa».

[2] *Mot illisible à cause du cachet qui est imprimé dessus. D'après les traces d'écriture encore visibles, on pourrait restituer «tantum».*

[3] Cf. Vitalis, *Vita S. Bertrandi episcopi Convenensis,* 2ᵉ moitié du XIIᵉ siècle (*Acta Sanctorum Bolland.,* t. XVII octobr., pars 2, p. 1174, col. 2) : «Hanc nimirum ecclesiam clementissimus rex Francorum, postquam eripuit civitatem

Item et dicta Vallis Aranni est archidiachonatus dicte ecclesie Convenarum
et pars dicti episcopatus.

Item, quod dicta vallis est et esse debet de comitatu Convenarum, qui
comitatus Convenarum tenetur in feudum notorie a domino rege ratione
ducatus Narbone et comitatus Tholose, quos hodie tenet dominus rex ad
manum suam. Qui ducatus et comitatus sunt de duodecim paribus Francie.

Item, quod comes Convenarum, ratione dicti comitatus, consuevit perci-
pere ab antiquo et percipiebat, tempore quo domnus Eustachius senescallus
Tholosanus quondam vallem recuperavit ad manum domini regis, certam
mensuram bladi a quolibet hospitio partis dicte vallis.

Item, quod comitatus Convenarum et dyocesis de quibus est dicta vallis
Aranni et vicecomitatus de Aura et vicecomitatus et episcopatus Conseranni
et comitatus Fuxi, qui limitantur cum Araguonia et Cathalonia per cacumina montium Pirennei, ut est dictum, notorie sunt de regno Francie et
tenentur in feudum a domino rege ratione paritatis ducatus Narbonensis
et comitatus Tholose et comitatus Biguorre, qui similiter limitantur cum
Araguonia ratione ecclesie Aniciensis et vicecomitatus Bearni, qui eodem
modo limitantur cum Araguonia, ex una parte, et cum alia cum regno
Navarre, ratione ducatus Aquitanie tenetur a domino rege; ita quod quicquid est a decursu aquarum montis Pirenney citra, totum est notorie de
regno Francie, ratione ducatuum predictorum et comitatuum et vicecomi-
tatuum contentorum in eisdem, qui sunt pares et partes regni Francie.

Nec obstat si opponatur quod in matrimonio contracta apud Claromontem
Alvernie, inter matrem domini regis qui nunc est [1] et dominum Philippum
bone memorie patrem ejusdem [2], fuerit facta divisio regnorum Francie et
Araguonie [3], ita quod dicta Vallis Aranni deberet remanere regi Araguonie;
quod de hoc non costat, et si costaret talis divisio et remitio valere non
debent nec prejudicare regno Francie pro eo quod, ut dictum est, dicta
vallis sit in regno Francie et infra limites, et rex Francie jus habeat imperii
in regno suo quod a nemine recogno[s]cit se tenere; non potuit limites
regni diminuere nec ipsam vallem a regno Francie facere exemtam totaliter,
ut de papa et imperatore dicitur qui non possunt episcopatum vel comitatum vel quivis aliud subjectum a potestate sua totaliter exhimere.

praenominatam a tyrannica rabie gentilium, post adeptam victoriam sibi datam
divinitus, ejecta profanæ gentis spurcitia, insignibus decoravit regalibus cum
monte et suburbio; et ad majorem honoris sublimitatem, illud majestati regali
adjecit, ut qui praedictam regeret ecclesiam auctoritate pontificali, de regio jure
comes Convenarum existeret, et tam ignobilibus quam etiam nobilibus jure domi-
nandi cunctis præesset... »

[1] Il s'agit d'Isabelle d'Aragon, mère du roi Philippe le Bel.

[2] Philippe III le Hardi.

[3] Sans doute après la mort d'Isabelle en 1271 (11 janvier). Cf. Ch.-V. Lan-
glois, *Le règne de Philippe le Hardi* (Paris, 1887), p. 51.

Item, nec obstat si dicatur quod aliquo tempore rex Araguonie habuit obedientiam dicte vallis, quod in veritate nec sibi nec alio ad plenum nec continue hobediebant, nisi prout eis placebat et stabant pro majori parte temporis in rebellatione, hoc excepto ut dictum est quod semper erant et sunt de episcopatu et archidiaconatu Convenarum, et eisdem hobediebant in spiritualibus et comiti Convenarum ratione dicti comitatus, quantum ad redevantiam bladi supradicti, qui consuevit exercere juridictionem ratione dicti comitatus in dicta valle, et tenere ibidem quoddam castrum in loco vocato «de Centetz», quod Aranenses rebellantes sibi destruxerunt; et hoc est notorium et manifestum.

Item, nulla prescriptio currere potuit contra regnum pro rege Araguonie super limitibus predictis, cum contra antiquos limites regni prescribi non possit nec prescriptio facere quin dicta vallis sit de regno Gualliarum et regno Francie totaliter subjecta, cum limites provinciarum et regnorum et adherentes eisdem prescribi non possint nec contra subjectionem nec etiam pactiones aliquid operantur in talibus, ut est dictum. Quare cum dicta vallis, quam aliquotiens calamitas rebellionis de facto exemerat de potestate regni Francie, reversa et reintegrata sit ad suam naturam, scilicet ad regnum Francie, nullatenus est a regno Francie separanda, potissime ad evitandum multa mala que regno Francie evenire consueverunt pro Cathalonia et Araguonia per plures passus, et introitus dicte vallis qui sine dicta valle contra dictos Araguonenses et Catalanos custhodiri non possunt.

III

Lettre du roi d'Aragon Jacques II *à Philippe le Bel.*

(Lérida, 26 février 1311.)

(Arch. nat., J. 588, n° 29 *bis :* Orig. Papier. Vestiges de sceau plaqué au verso pour fermer la lettre. — Adresse au dos : «Excellenti et magnifico principi Philippo Dei gracia Francorum regi illustri karissimo consanguineo nostro.»)

Excellenti et magnifico principi Philippo Dei gratia Francorum regi illustri, karissimo consanguineo nostro, Jacobus eadem gratia rex Aragonum salutem et votive felicitatis augmentum.

Repetentibus nostram presenciam viris discretis Berengario de Argilagueriis, archidiacono Urgellensi, et Petro de Spens, jurisperito, de nostro consilio a nobis pro comissariis partis nostre juxta concordiam inter vos et nostros ambaxatores et nuncios apud Viennam habitam, super negocio vallis Aranni, ad villam ipsam transmissis cum per eos tum per processus coram vestris comissariis et dictis nostris habitos, tum etiam per attestaciones testium utrimque productorum ac secrete coram nobis et quinque tantum de nostro consilio, juxta convencionem inter utriusque comissarios habitam, reser[atas] de hiis que acta sunt in dicto negocio constitit plene nobis. Et siquidem ipsis omnibus bene discussis et in nostra presencia diligenter examinatis, tam per ipsas attestaciones quam eciam per publica instrumenta et alia legitima documenta in dictis processibus producta, tam nostri quam aliorum predictorum concors et unanimis oppinio tenuit nemine discrepante neque dubio aliquo eminente, quod nostre partis intencio plene et plenissime probata est pariter et fundata ; sane q[uia] prospectis jure sanguinis et constancie [1] mutue karitatis quibus Altissimo operante firmamur debeat nedum hoc, verum etiam quodlibet arduum contingens aliqualiter inter ambos [ab]sque litigiosis amfractibus et alterius decisione judicii amicabiliter terminari. Proinde a regio nostro processit examine comissariorum utriusque convencioni nichilominus adherentes, ut nostrum ambaxatorem et nuncium ac nostra scripta super hiis vestre regali magnifficencie mitteremus, excellentiam vestram intente rogantes, quatinus possessionem vallis predicte velitis et placeat nobis sub[l]atis ulterius aliis dilacionibus restitui ac eciam integrari. Ceterum si forte, [quod] vix nostre mentis judicium accipit, per aliquos diceretur aliquod circa hoc scrupulum seu dubium imminere, a celsitudine vestra affectuosius postulamus ut respectu nostro et tollende dubitacionis causa, que racione dicte vallis nimium senuit, inter ambos vestra velit sublimitas, sicuti ut predicitur et nos fecimus, examinacion[i] predictorum dicte vallis processuum et attestacionum premissarum personaliter interesse. Constanter enim arbitramur et credimus quod cum hujusmodi examinatio in presencia vestra facta fuerit, et vos videritis que sunt acta, nullius alterius dubitacio vel scrupulum invalescat nullaque a vobis examinacio vel decisio judicii alterius expectabitur quin nobis restituatur possessio dicte vallis. Honorabilius autem et vobis et nobis eveniet, et dignis censebitur comendandum ac prefixa bona debita inter ambos vigentia melius exsolventur, et nos insuper id graciosius admitemus, si a vobis motu et voluntate propria relinquatur possessio [dicte] vallis, quam si reverendi patris domini Tusculani [2] jux[ta comunem concordiam judicium sequeretur]. Porro autem licet vestra serenitas ut eciam scriptis suis ad [noticiam nostram] aliquibus detulit, vicibus fuerit informata quod per serenissimum patrem nostrum dominum regem Petrum [eximie recor-] dacionis aut predecessores suos possessa non fuerit dicta vallis [facta in re]gali vestra presentia examinationem quam petimus, quo ad dictum dominum regem genitorem [nostrum et predec]essores suos contrarium

---

[1] *Sic.* Corriger «constancia» d'après la lettre suivante adressée à Nogaret, qui reproduit ce passage mot pour mot.

[2] Il s'agit de Bérenger Frédol, évêque de Béziers, qui devint cardinal-évêque de Tusculum (Frascati) en 1309 et mourut en 1323. Nous complétons les passages illisibles de l'original à l'aide de la copie conservée à Barcelone.

apparebit et adversa informacio conquiescet. Immo, quod magis inter cetera
ad dictam restitutionem faciendam debet vestrum animum aplicare, [liquet
manifestissime ex] predictis attestacionibus et processu quod vos vel ante-
cessores vestri in dicta valle ante occupacionem ipsius aliquid minime pos-
sedistis. Et quia solent negocia verbis quam [litteris plenius explicari], prefatum discretum Berengarium de Argilagueriis archidiaconum [Urgellensem]
super hiis a nobis plene instructum ad vestre magnitudinis presentiam
destinamus, affectuo[se rogantes quatenus ejus] relatibus circa ista fidem
velitis indubitabilem adhibere. [Et ut] super hoc [quecumque] pro parte
nostra compleri debeant melius compleantur, Bernardum [de Turri fidelem
scriptorem nostrum, qui] dictum negocium coram dictis comissariis nostro
procura[torio nomine extitit] prosequtus, una cum dicto archidiacono cum
sufficienti potestate a[ssimili destinamus. Datum Ilerde] v. kalendas marcii,
anno Domini millesimo cccxii. Ex. Steph. — [Bernardus de Aversone,
mandato regio. Et fuit ei lecta [1].]

IV

Lettre du roi d'Aragon JACQUES II à Guillaume de Nogaret.

(Lérida, 26 février 1311.)

(Arch. nat., J 588, n° 29 *ter* : Orig. Papier. Vestiges de sceau plaqué au verso
pour fermer la lettre. — Arch. de la Cour. d'Aragon, Reg. 336, fol. 90. Copie.
— Adresse au dos : «Nobili et prudenti viro Guillermo de Noguereto, illustris
Francie regis karissimi consanguinei nostri cancellario et consiliario».)

Jacobus Dei gratia rex Aragonie Valencie Sardinie et Corsice, comes Bar-
chinonensis ac sancte Romane Ecclesie vexillarius, ammiratus et capitaneus
generalis, nobili et prudenti viro Guillelmo de Noguereto, illustris regis
Francie karissimi consanguinei nostri cancellario et consiliario, salutem et
omne bonum. Discrecioni vestre presencium tenore deferimus quod reppe-
tentibus nostram presenciam viris discretis, etc. (*ut supra, in epistola ad
Philippum regem*)..
Proinde de regio nostro processit examine comissariorum utriusque convencioni nichilominus adherentes, ut nostrum ambaxatorem et nuncium ac
nostra scripta super hiis prenominati regis regali magnificencie mitteremus;
cumque ob premissas causas, ad prefati regis presenciam prefatum Berengarium de Argilageriis archidiaconum Urgellensem de nostro proposito
plene instructum, una cum scriptis nostris provideremus transmittendum,
eundem regem affectuose rogantes ut possessionem vallis predicte velit et

---

[1] Addition du registre de Barcelone.

placeat nobis, sublatis ulterius aliis dilacionibus, restitui ac etiam integrari. Quod si forte per aliquos diceretur super hoc aliquod imminere dubium, velit sicut et nos fecimus, examinacioni dicte vallis predictorum processuum et attestacionum personaliter interesse. Idcirco, vos attente rogamus quatinus cum prefatus rex processus predictos in suo consilio examinari voluerit, vos examinacioni ipsi, honore et precibus nostris personaliter intersitis quoniam de legalitate vestra in tantum confidimus quod, ut firmiter credimus, vos, visis et auditis que in premissis acta sunt, eidem regi super restitucione nobis facienda de villa predicta secundum Deum, veritatem et justiciam consuletis, honorabilius, siquidem et prefato regi et nobis censetur ac dignius, bonaque debita inter ambos existencia melius exsolverentur, ac id nos accipientes graciosius, quod si reverendi patris domini episcopi Tusculani judicium juxta concordiam inter utriusque comissarios habitam sequeretur. Super hiis autem predicti viri ambaxatoris et nuncii relatibus si placet indubitanter credatis, ut vobis circa ea denique que vestrum et vestrorum honorem respicerent et propicius nos invenietis congruis temporibus propicios et paratos. Datum Ilerde, quinto kalendas marcii, anno Domini millesimo trecentesimo duodecimo. — Ex. Steph.

V

Lettres patentes de PHILIPPE LE BEL *concernant l'enquête, l'arbitrage du cardinal Bérenger Frédol et la destruction de Castelléon, chef-lieu féodal du Val d'Aran* (27 avril 1313).

(Archives de la Couronne d'Aragon, Parch. 3048 de Jacques II. Orig. — Copie dans le registre 336, fol. 102 v°.)

Philippus, Dei gratia Francorum rex, universis presentes litteras inspecturis salutem. Attendentes pacis reformationem olim inite inter nos et illustrem Jacobum, Aragonum regem, carissimum consanguineum nostrum, et inter cetera continentem quod vallis de Aran poneretur et staret posita in sequestro, donec esset solerter et celeriter inquisitum de spoliatione seu destitutione vallis ejusdem, cujus possessione prefatus noster consanguineus se vel Petrum, quondam genitorem suum et regem Aragonum, asserebat spoliatum fuisse per inclite memorie dominum Philippum, progenitorem nostrum, regem Francorum, seu gentes suas post commotionem guerre que fuit inter nostrum et dicti nostri consanguinei genitores predictos. Considerantes postmodum juxta tractatus predictos de nostra et dicti nostri consanguinei voluntate, per nostros et ipsius commissarios fuisse super predictis inquisitum juxta convenienciam inter et ambaxatores pre-

dicti consanguinei nostri Vienne habitam, visaque dicta inquesta per nos
seu consiliarios nostros qui eam videre juxta factam concordiam inter dictos
commissarios debuerunt, licet pro eo quod dicta inquesta completa omnino
non fuerit et ex causis aliis potuissemus restitutionem dicte vallis sine
juris injuria denegare; verumtamen considerato potissime necessitudinis
et amoris vinculo quibus, Domino cooperante, connectimur, volentes etiam
de plano amicabiliter agere cum eodem, et quia concordatum est inter nos
et gentes prefati regis, quod duo de nostro et alii duo de ipsius regis consilio
debent convenire in proximis kalendis maii, apud dictam vallem et simul
ac concorditer, celeriter et solerter, de plano et sine figura judicii inquirere per testes et instrumenta et alia legitima documenta, de jure proprietatis et dominii dicte vallis, ad quem videlicet an ad nos vel ad prefatum
regem Aragonum debeat pertinere, qui potest[atem a] nobis et ipso rege
Aragonum habebunt super questione proprietatis et dominii dicte vallis insimul et concorditer difi[nire]; alioquin si predicti quatuor commissarii
[concordare n]equirent, debent accedere continuo cum inquesta per eos
facienda super jure nostro et ipsius regis in proprietate et dominio dicte
vallis ad dilectum et specialem amicum nostrum Berengarium, episcopum
Tusculanum, sancte romane Ecclesie cardinalem, qui visa ipsa inquesta et
auditis ipsorum quatuor motibus tanquam tercius concorditer electus judicabit super discordia eorundem, et quod ipse cum duobus per ipsum regem
Aragonum seu cum aliis duobus per nos deputatis super jure proprietatis
et dominii dicte vallis judicaverit aut declaraverit perpetuam obtineat firmitatem, prout hec in nostris litteris super dicta concordia confectis plenius
continentur, et debebit in aliis ejusdem regis Aragonum sub eadem forma
litteris conficiendis super dicta concordia similiter contineri, dicte vallis
possessionem eidem nostro consanguineo et ejus successoribus restituimus
et reddimus per presentes, in eadem valle nobis et successoribus nostris
proprietatis et dominii in omnibus jure salvo. Ceterum licet in dicto trac-
tatu pacis actum fuerit et condictum, quod in restitucione bonorum sta-
bilium seu immobilium liceret nobis fortitudines per nos seu progenitorem
nostrum edificatas diruere, essetque nobis licitum juxta predicta castrum
vocatum Leonis per nos seu genitorem nostrum in dicta valle edifficatum
diruere, volentes tamen eidem nostro consanguineo in hac parte deferre,
dirutioni dicti castri supersedemus ad presens dictumque castrum eidem
restituimus et tradi volumus et mandamus, salvo et retento nobis expresse
quod idem noster consanguineus teneatur diruere dictum castrum quando-
cumque a nobis aut successoribus nostris fuerit requisitus, vel prestare
pacienciam quod nos iddem castrum cum nobis vel successoribus nostris
placuerit dirui faciamus, et nichilominus si in diructione dicti castri aliquod
per ipsum aut suos impedimentum apponeretur, illud impedimentum idem
consanguineus noster aut ejus successores teneantur amovere. Actum
Pissiaci xxviiª die aprilis, anno Domini millesimo cccº tredecimo.

VI

Lettre de PHILIPPE LE BEL *à Sanche, roi de Majorque.*

(26 avril-11 juin 1313.)

(Archives de la Couronne d'Aragon, Parch. 3049 de Jacques II. Vidimus. — Copie dans le Registre 336, fol. 103 v°.)

Hoc est translatum fideliter sumptum a quadam patenti littera perguamenea, in quadam enna ejusdem pergameni sigillo cereo illustris domini regis Francorum, ut per impressionem litterarum ejusdem legitime apparebat, in pendenti sigillata, cujus series sicse habet :

Philippus, Dei gratia Francorum rex, dilecto et fideli nostro serenissimo principi Sancio, eadem gratia regi Majoricarum illustri, karissimo consanguineo nostro, salutem in Eo per quem principes dominantur. Cum super restituenda possessione vallis Aranni Jacobo, illustri regi Aragonum, carissimo consanguineo nostro, quam vos de nostra et ipsius regis voluntate in sequestro tenetis, sit inter nos et gentes ipsius regis considerato necessitudinis et amoris vinculo quibus nectimur, cooperante Domino, paciffice et amicabiliter concordatum, necnon et quia concordatum est inter nos et gentes prefati regis, quod duo de nostro et alii duo de ipsius regis consilio debent convenire in proximis kalendis maij apud dictam vallem, et simul ac concorditer, celeriter et solerter, de plano et sine figura judicii inquirere per testes et instrumenta et alia legitima documenta, de jure proprietatis et dominii dicte vallis, ad quem videlicet an ad nos vel ad ipsum regem Aragonum debeat pertinere, qui potestatem a nobis et ipso rege Aragonum habebunt super questione proprietatis et dominii dicte vallis insimul et concorditer diffinire. Alioquin si predicti quatuor commissarii concordare nequirent, debent accedere continuo cum inquesta per eos facienda super jure nostro et ipsius regis in proprietate et dominio dicte vallis, ad dilectum et specialem amicum nostrum Berengarium episcopum Tusculanum, sancte romane Ecclesie cardinalem, qui visa ipsa inquesta et auditis ipsorum quatuor motibus, tanquam tercius concorditer electus judicabit super discordia eorundem; et quod ipse cum duobus per ipsum regem Aragonum seu cum aliis duobus per nos deputatis super jure proprietatis et dominii dicte vallis judicaverit aut declaraverit, perpetuam obtineat firmitatem, prout hec in nostris literis super dicta concordia confectis plenius continetur, et debebit in aliis ejusdem regis Aragonum sub eadem forma literis conficiendis super dicta concordia similiter contineri; et possessione[m] predicte vallis sibi per nostras patentes literas certam formam inter nos et ipsum habitam continentes eidem restituerimus et effectualiter restitui volumus, per presentes serenitatem vestram scire volumus, quod nobis placet quod eidem consanguineo nostro aut ejus certo mandato, predicte vallis possessionem ac etiam Castri Leonis, quod inclite recordationis dominus Philippus, progenitor noster, inibi hedifficari fecerat, restitualis cum super hoc per ipsum consanguineum nostrum fueritis requisiti. Nos enim auctoritate presencium vos et omnes nostros posteros a dicto sequestro et ab omni promissione, obligatione et homagio, si quas vos fecistis vel digne recordationis Jacobus, avunculus noster ac vester progenitor, ratione dicti sequestri nobis vel alio nostro nomine fecit, quitamus et liberamus omnino. Datum Pissiaci xxviᵃ die aprilis, anno Domini millesimo trecentesimo tredecimo.

Ego Jacobus Scuderii, mandato Laurentii Plasense, notarii regii publici infrascripti, hoc translatum sumpsi et translatavi a dicta originali litera regia sigillata ut est dictum puncto ad punctum, verbo ad verbum, nichil addens vel minuens quod sensu mutet vel corrumpat intellectum, videntibus et legentibus tribus testibus literatis ad hoc specialiter convocatis, videlicet Bernardo Comitis, Bernardo Segurii, clericis, et Petro Plasensa; qui omnes una mecum hoc presens translatum cum dicta originali litera regia viderunt, legerunt ac comprobaverunt et in omnibus bene convenire invenerunt, tertio idus junii, anno Domini m°ccc° tercio decimo.

Ego Laurencius Plasensa, publicus notarius auctoritate domini nostri regis Majoricarum, subscripsi et hoc sig(*s. man.*)num feci.

Sig(*s. man.*)num Bernardi Bertrandini, judicis Perpiniani, qui huic transcripto ab originali instrumento sigillo cereo pendenti serenissimi domini Philipi, Dei gratia regis Francorum, sigillato supradicto, auctoritatem nostram judicialem prestamus et decretum nostrum pariter interponimus.

VII

Lettre de Sanche, roi de Majorque, enjoignant à Pierre « de Castello »,
gouverneur du Val d'Aran, d'en faire remise au délégué aragonais.
(1ᵉʳ juillet 1313.)

(Archives de la Couronne d'Aragon, Parch. 3094 de Jacques II. Orig. — Copie dans le Registre 336, fol. 100.)

Sancius, Dei gratia rex Majoricarum, comes Rossilionis et Ceritanie et dominus Montispessulani, fideli et dilecto militi suo Petro de Castello regenti vallem de Aranno, salutem et gratiam. Constat nobis concordatum fore inter illustres Francorum et Aragonum reges, consanguineos nostros carissimos, seu ambaxatores et gentes utriusque quod possessio dicte vallis de Aranno restituatur regi Aragonum memorato, super quo habuimus patentem litteram sigillatam sigillo cereo pendenti dicti Francorum regis, qua ipse Francorum rex significat nobis quod vult et placet sibi ut possessione dicte vallis et Castri Leonis constructi in ea, quam in sequestro tenuimus, restituamus dicto regi Aragonum vel ejus certo mandato cum ab eo fuerimus requisiti, quas litteras presentavit nobis venerabilis Berengarius de Argilagueriis, archidiaconus Urgellensis ecclesie, commissarius in hoc negotio regis Aragonum predicti. Qui archidiaconus, una cum Guillelmo de Sancta Columba scutifero ejusdem regis Aragonum et ab eo nobis misso cum litteris de credencia super eodem negotio, nos requisivit instanter et ut debuit quod possessionem dicte vallis et dicti Castri Leonis dicto domino suo regi Aragonum restitueremus et restitui faceremus, juxta convenientiam habitam amicabiliter inter reges predictos et juxta continenciam litterarum regis Francorum super hoc nobis missarum, et super restitucionem seu solutionem peccunie, que nobis debetur pro sumptibus factis per dominum regem bone memorie patrem nostrum et nos in custodia dicte vallis et circa alia apta et necessaria negocio, ordinamus et convenimus decenter cum discreto Guillelmo Oulomarii judice curie et de consilio dicti regis Aragonum. Quare mandamus vobis expresse quatenus visis presentibus, restituatis dicto regi Aragonum vel suo nuncio seu certo mandato presentium portitori habenti super hoc a rege ipso mandatum sufficiens, possessionem dicte vallis et Castri Leonis predicti, nec super restitucione hujusmodi difficultatem vel elongamentum aliquod apponatis, si de nostri confiditis gratia vel amore, cum periculum sit in mora, et hoc nullatenus differatis quoniam nobis plurimum displiceret. Nos enim cum restitucionem dicte possessionis feceritis dicto regi Aragonum vel ejus certo mandato vos absolvimus, liberamus et quitamus ab homagio et juramento fidelitatis quibus nobis tenemini pro valle predicta et Castro Leonis, ad bonum et sanum intellectum vestri et vestrorum. Datum Perpiniani kalendis julii, anno Domini millesimo trecentesimo tercio decimo. Ego Laurencius Plasensa, scriptor prefati domini nostri regis Majoricarum, ipsius mandato hanc cartam scribi feci et clausi meo publico et consueto sig(*s. man.*)no.

UNE ENQUÊTE

AU SUJET DE LA

FRONTIÈRE FRANÇAISE DANS LE VAL D'ARAN

SOUS PHILIPPE LE BEL

PAR

M. PH. LAUER

DOCTEUR ÈS LETTRES, BIBLIOTHÉCAIRE À LA BIBLIOTHÈQUE NATIONALE

(Extrait du *Bulletin de la Section de Géographie*, 1920.)

PARIS

IMPRIMERIE NATIONALE

MDCCCCXXI